우리는 밤과 화해하기 원한다

우리는 밤과 화해하기 원한다

엘제 라스커 쉴러 시집 | 배수아 옮김

아티초크

일러두기

1. 각주는 모두 옮긴이의 주입니다.

2. 한국어 번역서가 확인되지 않는 책의 제목은 원문을 먼저 표기하고 번역을 병기하였습니다.

3. 사진 및 삽화의 작가명은 166쪽에 있습니다.

차례

욕망 Trieb	3
태초의 봄 Urfrühling	5
그때에 Dann	8
관능의 도취 Sinnenrausch	10
그의 피 Sein Blut	12
만세! Viva!	15
혼돈 Chaos	17
고통 Weltschmerz	20
포르티시모 Fortissimo	23
너에게 Dir	25
꿈 Traum	28
고요한 노래 Mein Stilles Lied	30
나의 사랑 노래 Mein Liebeslied	35
세상의 종말 Weltende	38
낡은 티벳 양탄자 Ein Alter Tibetteppich	40

향수 Heimweh	43
어머니 Meine Mutter	46
나자렛의 마리아 Marie von Nazareth	50
화해 Versöhnung	51
나의 민족 Mein Volk	54
파라오와 요셉 Pharao und Joseph	57
모세와 여호수아 Moses und Josua	60
아브라함과 이삭 Abraham und Isaak	63
사랑의 노래 Ein Lied der Liebe	65
제나 호이 Senna Hoy	70
황금의 기사에게 An den Ritter aus Gold	74
이방인 기젤헤어 Giselheer dem Heiden	76
소년 기젤헤어 Giselheer dem Knaben	80
순수의 다이아몬드 Lauter Diamant	81
왕자놀이 Das Lied des Spielprinzen	85
호랑이 기젤헤어 Giselheer dem Tiger	87
신이여 O Gott	90
들어라 Höre	92
안으로 Verinnerlicht	95
오직 너 Nur Dich	97
야만인에게 Dem Barbaren	101

라이프치히 공작 Dem Herzog von Leipzig	103
그대 나를 슬프게 하는 자여, 들어라 Du Machst Mich Traurig — Hör	106
작별 Abschied	107
노래 Ein Lied	109
게오르크 트라클 Georg Trakl	112
게오르크 트라클 Georg Trakl	114
조지 그로스 George Grosz	116
기도 Gebet	121
신이여 들으소서 Gott Hör	123
저녁 노래 Abendlied	125
나의 푸른 피아노 Mein Blaues Klavier	127
내 아가 An Mein Kind	129
쫓겨난 여자 Die Verscheuchte	134
가을 Herbst	136
밤에 네가 온다면 Ein Liebeslied	139
옮긴이의 말 심장을 너의 문에 걸어 두고, 푸른 죽음을 운다	143
엘제 라스커 쉴러 연보	157
삽화 목록	166

우리는 밤과 화해하기 원한다

욕망

내면에는 광폭하게 이글거리는 생의 불꽃이
도저히 다스릴 수 없는 감정들이
형체를 입고 들끓는 상상들이
이리떼처럼 나를 덮친다!

향기로운 화창한 대기 속을 헤매는데 . . .
터져 나온 비명에 밤이 전율한다
욕망이 순교자처럼 신음을 토하며
스스로 사슬을 끊어버린다

희미하게 어른거리는 빛의 날개
젊은 허벅지 사이 화사한 계곡으로 흘러들더니
한줄기 오월의 미풍에 함락당하고
육체의 자연 앞에 녹듯이 굴복하고 만다

태초의 봄

뱀을 허리에 두르고
모자에는 낙원의 과실을 매단 여인
내 사나운 그리움은 그녀의 핏속에서
미쳐 날뛰고 있었구나

태양의 원초적 근심
새빨갛게 이글거리는 음울
내 뺨의 핼쑥함
이 모두 그녀에게 참으로 보기 좋으니

이것은 운명의 게임
그녀의 한 가지 신비 . . .
우리는 흔들리는 시선을 떨구어
서로의 반지를 향한다

영혼의 벼랑 위에서 나는
내 피의 이브를 잊었고
그녀의 입술은 붉게 타올랐으니
내 입술은 소년의 입술이었나

이글거리는 석양이
하늘 가장자리에서 붉은 혓바닥을 날름거리고
조롱의 꽃봉오리는
인식의 나무에서 미소를 떨구었다

그때에

그때에 밤이 왔고, 네 꿈이 시작되었다
별들이 불타는 고요 속에서
미소의 낮은 흘러가 버리고
야생 장미는 숨을 멈추었다

나 이제 꿈의 오월을
네 사랑의 공표를 갈망하니
네 입에서 타오를 것이다
천년 동안의 꿈이 되어

관능의 도취

너의 사악한 입에서 내 멸망의 무덤이 열리니
그 달콤한 숨결에 정신이 아득해지며
내 도덕은 질식한다
나는 관능의 샘물을 빨아 마시고
정신없이 바닥으로 빨려 들어간다
형형한 눈빛으로 지옥을 응시하며

내 뜨거운 몸이 너의 숨결에 화르르 작열하니
오월의 뜨끈한 빗방울에 젖은
여린 장미처럼 떠는구나
— 나 너를 따르리라, 거친 죄의 땅으로
길가에 핀 화염의 백합을 꺾으니
— 두 번 다시 고향을 보지 못하리라 . . .

그의 피

　　　내게 남은 최후의
　　　　　　장미를 꺾어
　　　도랑에 던져버리고 싶어한 사람
　　　　. . . 피에서 그의 고통이 온다

　　　내 영혼의
　　　　　　일렁이는 햇살을 빼내
　　　　자신의 침울한 고뇌를 밝히고 싶어한 사람

　　　산들바람과 노니는
　　　　　　내 마음을 잡아채서
　　　가시덤불 위에 매달고 싶어한 사람
　　　　. . . 피에서 그의 고통이 온다

만세!

내 피는 그리움, 뜨거운 욕망이
불의 이파리 사이 야만의 포도주처럼 들끓어
너와 나, 하나의 힘이기를
하나의 피로 흐르기를
하나의 충만, 하나의 애욕
온 세상을 울리는 격렬한 노래가 되기를!

한여름 비 내린 뒤 광란의 햇빛이 비명을 지르고
먹구름이 산산이 찢기는 날
너와 나, 서로를 향해 가지를 뻗기를!
모든 삶이 우리의 삶이 되리니
우리는 죽음조차 무덤에서 끄집어내어
그 침묵에 환호하기를!

거대한 바위들이 태산으로 쌓여

둘 사이 협곡이 이어지기를
도달할 수 없이 까마득한 높이로!
그 위에서 너와 나, 하늘의 심장을 붙잡고
한 번의 숨에도 서로를 느끼며
영원 위로 그림자를 드리우기를!

너와 나, 서로의 안으로 범람해 흘러가고
서로의 안으로 돌진하는 축제의 그날
가파른 벼랑을 적시며 솟아난 샘처럼
우리 노래로 찰랑이며 물결치다가
불현듯 거센 물살로 소용돌이치며 쏟아져 내리기를
결코 찢어낼 수 없는 광폭한 폭포로!

혼돈

창백한 별들이
내 고독의 하늘을 달아난다
가까이 더 가까이 응시하는
자정의 검은 눈동자

나는 나를 잃고
죽음의 황야를 떠돈다!
나로부터 아득히 멀어진 채
원시적 공포의 잿빛 밤에 . . .

고통이여 꿈틀대며 살아나
나를 잔인하게 짓밟아라
나를 내 안에 잡아 처넣어라!
창조자의 희열로
나를 고향으로 돌려보내라

어머니의 가슴 아래로

내 모향(母鄕)은 텅 빈 영혼
더운 바람 속에서도
더는 장미가 피지 않는다
. . . 그러나 심장이 터질 듯한 사랑이 있으니!
그의 몸속에 나를 매장하여라

고통

나, 살을 태우는 사막의 바람
차게 식으며 형체가 생겨났다

나를 녹여 버릴 태양이여
나를 찢어발길 번개여, 너 어디 있는가!

보아라, 돌이 된 스핑크스의 머리가
사방의 하늘로 노여움을 뿜어낸다

포르티시모

너는 점잖치 못한 노래를 불렀고
나는 이름을 묻기가 두려웠으니
우리 사이에 용암처럼 흐르던 뜨거운 그것이
전부 알려지게 되겠구나

그때 자연이
우리의 말없는 이야기 속으로 개입하여
아버지인 달은 사랑의 희극을 엿들은 듯
잔뜩 부푼 얼굴로 웃었다

비밀의 가슴에서 은밀하게 우리 또한 웃었으나
눈에는 눈물이 고였고
카펫의 무늬는 오색으로 부서지며
무지갯빛으로 어룽거렸다

우리 둘을 관통한 똑같은 느낌
스미르나* 카펫은 잔디밭이며
우리들 머리 위로는 시원하게 부채질하는 야자수 이파리
그리하여 갈망이 거센 펄럭임을 시작했다

마침내 미친 그리움이 발버둥치며
혈관을 격류로 들끓게 하니
스미르나의 이끼 위로 쓰러지는 우리의 입에서
가젤의 야만스러운 신음이 터진다

---

* 오늘날 튀르키예의 이즈미르에 해당하는 스미르나(Smyrna)는 19세기 동방의 카펫이 모여드는 도시였다. 이곳의 카펫이 유럽으로 들어와 이름을 떨치며 통상 스미르나 카펫이란 용어로 불리게 되었다.

너에게

너의 입맞춤에
아무 느낌도 없이
끝없이 가라앉던 공허함이 슬퍼
속으로 운다
수천 개의 심연도
이 공허처럼
까마득하지는 않으리라
좁디좁은 밤의 어둠 속
네게 이 말을 속삭여 주고 싶지만
나는 용기가 없다

남풍이 불어온다면 그래서
대신 너에게 전해 준다면
따스한 온기로 쌀쌀함을 몰아낸
다정한 어조의 노래를

네 피 속에 은밀하게 실어서
영혼에게 전달해 준다면

꿈

잠은 나를 너의 정원으로, 네 꿈속으로 유괴했다
밤은 구름으로 검게 휘감겼고
빤히 쳐다보는 네 눈은 어두운 흙과 같고
네 시선은 무정하니

그리고 우리 사이에 드넓고도 완강하게 놓인
울림 없는 평원...
내 갈망은, 온통 너를 향하여
네 입에, 메마르고 흐릿한 입술 부위에, 입맞추었다

고요한 노래

내 가슴은 슬픔의 시간
소리도 없이 똑닥거린다

어머니는 황금의 날개를 가졌으나
그 어떤 세계도 발견하지 못했다

살금살금 나를 찾아다니는 어머니
빛은 어머니의 손가락, 어머니의 발은 정처 없는 꿈

푸르게 불어오는 달디단 미풍
나를 잠 속으로 녹인다

그런 밤
어머니의 낮은 매일 왕관을 쓰는데

밤은 고독하여
나는 달의 고요한 포도주를 따라 마시니

내 노래는 여름의 푸름을 걸친 채
침울의 집으로 돌아갔다

— 나를 경멸하는 너희는
내 입술에게 말을 건다

하지만 나는 너희의 손을 잡으니
내 사랑은 아이와 같아서, 함께 놀고 싶기에

그리하여 나는 너희와 닮아 가니
사람을 그리워함이며

나는 가난해졌으니
너희가 선생으로 구걸해 갔음이라

그리하여 바다는 탄식하리라 —
신이여!

나는 창조물 아래 표시된
상형문자

그리고 내 눈동자는
시간의 봉우리

눈동자의 빛으로 신의 옷자락에 입을 맞춘다

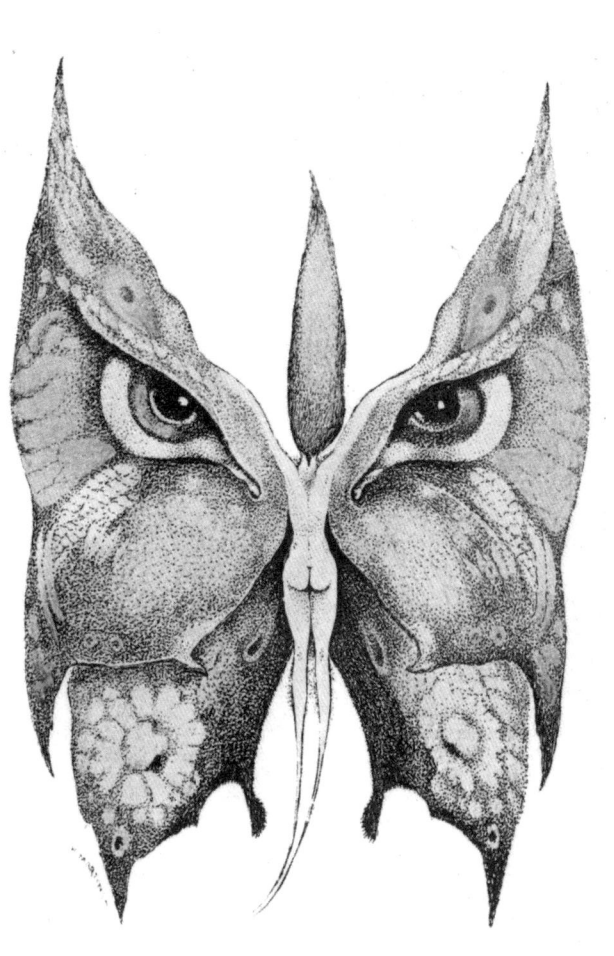

나의 사랑 노래

내 피는 비밀의 샘
은밀하게 속삭거리니
언제나 너를 언제나 나를

비틀거리는 달 아래
내 갈망하는 나체의 꿈이 춤을 춘다
어두운 울타리 저편, 그윽하게 떠도는
몽유병의 아이들

오 네 입술은 햇살이어라 . . .
황홀하여라, 네 입술의 향기 . . .
은빛으로 둘러싸인 푸른 꽃차례에서
스며 나오는 너의 미소 . . . 너, 너

내 살갗에는 항상

뱀처럼 날름거리는 오싹함의 잔물결
어깨 너머로—
나는 귀기울인다...

내 피는 비밀의 샘
은밀하게 속삭거리니

세상의 종말

세상의 울음이 있다
신이 죽어 버린 듯
그리고 납빛 그늘이 쏟아지며
무덤처럼 무겁게 짓누른다

오거라, 우리 더욱 가까이 파고들자 . . .
생명은 모든 심장에
모든 관에 깃들었으니

그대! 어서 입을 맞추자, 뜨겁게 —
세상을 향해 고동치는 이 그리움이
우리를 죽일 것이기에

낡은 티벳 양탄자

너의 영혼은 내 영혼을 사랑하여
둘은 티벳 양탄자 속으로 함께 짜여 들어갔다

빛줄기와 빛줄기, 떨리는 색채로
사랑에 빠진 별들은 하늘 가득 구애를 펼쳤다

우리의 발은 수천수만의 씨실로 아득하게 펼쳐진
호사스러운 가보를 디딘다

사향목 왕좌 위 나의 라마승이여
네 입이 내 입을 찾아와 닿고
뺨과 뺨이 서로를 발견하는 사이 얼마나 많은 찬란한 시간이 흐를 것인가?

향수

이 서늘한 나라의 말을
나는 할 줄 모르며
이 나라의 걸음도 따라가지 못한다

지금 흘러가는 구름의
의미도 알지 못한다

밤은 계모 여왕

나 언제나 파라오의 삼림을 떠올리며
내 별자리에 입맞춘다

내 입술이 빛나며
머나먼 말이 흘러나오니

나는 네 무릎에 놓인
찬란한 그림책

그러나 네 얼굴은
눈물의 베일을 짜는구나

내 영롱한 새들이
산호에 찔려 쫓겨나니

정원 생울타리에서
연한 둥지는 화석으로 굳어 간다

내 죽음의 왕궁을 축성하는 이는 누구인가
그들은 내 아버지의 관을 쓰고
그들의 기도는 성스러운 강물로 가라앉는다

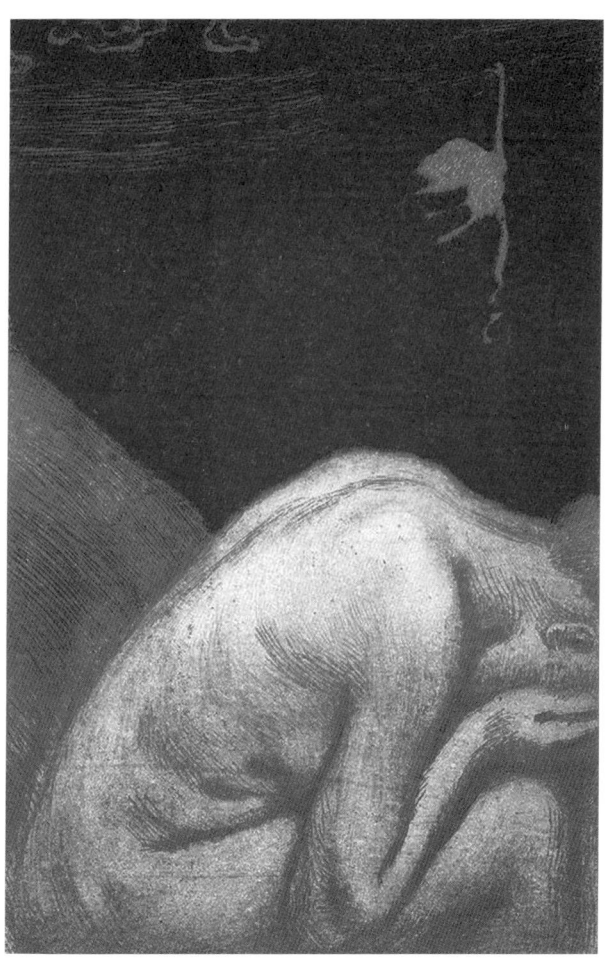

어머니

어머니는 내 옆에서 걷고 있던
거대한 천사였을까?

아니면 연기 자욱한 하늘 아래
무덤 속, 어머니가 누워 있을까 ―
단 한 번도 푸른 꽃이 피지 않는 죽음의 집에

내 눈이 정말 환하게 빛난다면
어머니에게 빛을 실어 주겠지

내 미소가 얼굴로 가라앉지만 않는다면
어머니의 무덤에 걸어 놓을 텐데

그러나 내게는 하나의 별이 있어
하루 종일 환한 낮인 별

그 별을 어머니의 땅 위로 들어올린다

이제 나는 영영 혼자이리라
내 옆에서 걷고 있던
거대한 천사처럼

Jesus modelliert seine Mutter

Die Laternlschule

나자렛의 마리아

꿈꾸어라, 나른하게, 소녀 마리아여 —
지상의 모든 곳에는 장미 바람에
검은 별빛이 사그라드니
품에 안은 어린 영혼을 보듬어라

어린양 등에 올라탄 아이들이
아장아장 뒤뚱뒤뚱
작은 신을 보러 오는구나 —

그리고 무수히 가물거리는
울타리 꽃송이들과 —
짧고 푸른 옷을 걸친
위대한 하늘을 보려고!

화해

어느 날 거대한 별이 내 무릎으로 떨어지고 . . .
우리는 밤에 깨어 있고자 한다

하프처럼 새겨넣은
언어로 기도를 올린다

우리는 밤으로 화해하기를 원하니 —
신은 모든 것 위로 넘쳐 흐르는데

우리 두 심장은 달콤한 피로 속에
가만히 쉬고 싶은 두 명의 아이

우리의 입술, 서로 입맞추기를 원할 뿐
왜 주저하는 거지?

내 심장이 네 심장에 닿아 있지 않단 말인가 —
내 뺨은 네 피로 언제나 붉은데

우리는 밤으로 화해하기를 원하니
너와 나 서로 포옹하면, 죽음은 없으리라

어느날 거대한 별이 내 무릎으로 떨어진다

나의 민족

내 근원이며
내 신의 노래인 바위는
비바람에 바스러지고 . . .
나는 갑자기 길에서 추락하여
내면의 비탈을 구르니
저 먼 아래서, 오직 비탄의 바위만이
바다로 떨어져 내린다

그렇게 나는 향기롭게 익은
내 피의 포도즙에서
빠져나왔다
그리고 아직도, 아직도 내 안에서
울리는 메아리
동쪽으로 몸서리치는
바스러진 바위의 잔해

Imre trägt die heilig goldene Schlange

내 민족이
신을 향해 절규할 때면

파라오와 요셉

      파라오는 화사한 아내들을 내친다
      아몬*의 정원 꽃향기를 내뿜는 그녀들을

      알곡의 향기 그윽한 내 어깨 위에서
      왕의 머리가 휴식을 취한다

      파라오는 황금
      그의 눈은 밀려왔다가 밀려간다
      영롱한 나일강의 파도처럼

      하지만 그의 심장은 내 피 속에 잠겼으니
      열 마리의 늑대가 내 우물을 마신다

      나를 구덩이 속으로 던진

---

* 고대 이집트의 신 아몬(Amon)으로 생각된다.

내 형제들
항상 그들을 생각하는 파라오

잠 속에서 파라오의 팔은 기둥이 되어
그들 위로 다가가리라!

그러나 꿈에 취한 그의 심장은
내 대지 위에서 살랑일 뿐이니

그곳에서 내 입술은 노래한다
우리들 아침의 밀알에 깃든
무한한 감미로움을

모세와 여호수아

모세가 신의 나이에 이르자
거친 유대 청년 여호수아를 택하여
축성하고 무리의 왕으로 삼았다

부드러운 갈망이 이스라엘을 관통하고
여호수아의 가슴은 샘처럼 신선하게 뛰는구나
성서 민족 유대의 육신은 그의 제단이었다

처녀들은 왕위에 오른 형제를 연모하여라
그의 머리카락은 성스러운 가시덤불, 황홀하게 타오르며
간절히 기다리던 별을 미소로 맞이했다

죽어가는 늙은 모세의 눈앞에서 마지막 새벽이 밝고
피폐한 사자의 영혼은 신을 향해 포효했다

아브라함과 이삭

아브라함은 에덴의 자연에
흙과 잎으로 도시를 세우고
신과의 대화를 시도했다

천사들은 기꺼이 그의 신실한 오두막에 머물렀으니
아브라함은 모든 천사의 날개 소리 발걸음 소리
그 천상의 신호를 알아들었다

어느 날 천사들은 구슬픈 꿈 속에서
끌려가는 숫양의 울음을 들으니
훈향목 나무 뒤 이삭이 숫양과 함께 제물로 바쳐지는구나

신의 목소리가 들렸다 — 아브라함!
신의 종은 바다의 파도에서 조개와 해면을 뜯어내

제단을 장식하려 숫양의 등에 높이 실었다

그리고 위대한 주인의 뜻을 받들기 위해
자신의 외아들을 묶어 등에 짊어졌으나 —
주인은 자신의 종을 사랑하였다

사랑의 노래

네가 사라진 이후로
어두워진 도시

네가 서성이던
야자수 그림자를
나는 모아들인다

가지 끝에서 미소 짓는 멜로디
내 입은 노래를 멈출 수 없으니

네가 나를 다시 사랑하는구나
이 환희를 누구에게 말할까?

한 명의 고아에게 아니면 결혼식의 신랑에게
메아리 속에서 행복을 듣는 자에게

네가 나를 생각하는 순간
나도 그것을 느끼니 —

그러면 내 가슴은 아이가 되어
드높이 울부짖고

거리의 모든 문을 따라
정처 없이 꿈꾸고 다니며

태양이 도시의 모든 벽에
네 아름다움을 그려 넣게 하지

하지만 나는
네 모습에 여위어간다

가는 기둥에 나를 휘감아
마침내 기둥마저 흔들릴 때까지

천지는 황무지
우리의 피가 활짝 만발한다

황금 양털로 짠
신성한 이끼 속으로 우리 가라앉는다

한 마리 호랑이가
몸을 죽 뻗으며

우리를 갈라놓는 머나먼 거리를
가까운 별로 이어 준다면

이른 새벽 내 얼굴은
너의 숨결을 들이마실 텐데

제나 호이[*]

네가 언덕 위에 묻혀 있으니
대지는 달콤하여라

나는 간다, 그곳으로
발끝으로 순수의 길을 걸어

부드럽게 네 피의 장미가
죽음을 흠뻑 적시는구나

나는 이제
죽음이 두렵지 않으니

네 무덤 위에 이미

---

[*] Senna Hoy (1882-1914). 독일의 작가이며 아나키스트. 그가 창간한 아나키스트 잡지《투쟁》에는 엘제 라스커 쉴러도 함께했다.

꽃덩굴로 무성하게 피어난다

항상 너의 입술에서 불리던
내 이름은 이제 돌아갈 길을 잃었다

네 위로 흙이 한 삽씩 덮일 때마다
나는 파묻힌다

그리하여, 밤은 영원히 나의 것이니
땅거미 속에서 이른 별들이 떠오른다

의아하여라, 나는 친구들에게
낯선 이방인이 되었으니

그러나 가장 고요한 도시의 성문에서

나를 기다리는 너, 나의 대천사여

황금의 기사에게

너는 황금의 모든 것
이 거대한 세계에서

네 별을 찾느라
나는 잠들지 못한다

너와 나 울타리 뒤에 누우며
두 번 다시 일어나지 않으리

우리의 손에서
감미로운 꿈들이 입맞춤한다

내 심장으로 네 입의
장미를 꺾으리

내 눈동자는 너를 사랑하고
너는 그 안의 나비를 낚아챈다

네가 없다면
어떻게 하나

눈꺼풀에서
검은 눈송이가 방울진다

내가 죽으면
내 영혼과 놀아 다오

이방인 기젤헤어*

눈물을 흘린다
내 꿈이 세상으로 떨어진다

내 어둠이 깊어
그 어떤 목동도 오지 못하는구나

내 눈동자는 별과 달리
길을 밝히지 않으니

나 항상 너의 영혼에게 애걸한다
이 소리가 들리지 않는가?

---

* 기젤헤어는 영웅 서사시 『니벨룽겐의 노래』에 나오는 군터 왕의 동생이다. 여기서는 독일의 유명한 시인 고트프리트 벤(1886-1956)을 가리킨다. 라스커 쉴러는 그를 1912년 여름에 처음 만나 사랑하기에 이른다.

내 눈이 멀기라도 했다면 —
네 피부 아래 누웠다고 생각할 텐데

모든 꽃들이
네 피가 되도록 할 텐데

나는 부유하여
그 누구도 나를 꺾지 못하리라

혹은 내 재능을
가져가지 못하리라

한없이 온화하게, 너에게 나를 가르치리라
이미 너는 내 이름을 알고 있으니

내 색채를 보라
내 검음과 별을 보라

서늘한 날을 나는 혐오하니
그것이 유리 눈동자를 가졌으므로

모든 것이 죽었도다
단지 너와 나를 제외하고는

소년 기젤헤어

　　　내 속눈썹에는 하나의 별이 매달려
　　　너무도 환하구나
　　　잠을 잘수가 없다 —

　　　와서 나와 함께 놀자
　　　— 나는 고향이 없으니 —
　　　너와 나, 왕과 왕자 놀이를 하며

순수의 다이아몬드

네 얼굴에서
내 밤하늘 꿈을 완성하였다

내 모든 영롱한 애칭들을
너에게 다 주었고

손을 네 발걸음 아래
놓았으니

그리하여 마치
피안으로 건너가려는 것처럼

너의 어머니는 하늘에서
끝없이 눈물을 뿌린다

나는 네 심장을 썰어
나를 조각하는데

너는 그토록 넘치는 사랑을
짜증스럽게 거부한다

암흑이어라 ―
타오르는 것은 오직
내 영혼의 횃불뿐

왕자놀이

어떻게 너를 이보다 더 사랑할 수 있을까?
사랑의 황홀경 속에서 짐승과 꽃들을
바라보는 나

두 별이 입맞추고, 구름은
형상을 만드니 —
우리의 놀이는 그들보다 더욱 고왔어라

네 단단한 이마에
나는 마음놓고 기대고
안장처럼 걸터앉는다

그리고 네 턱의 보조개
그 안에 산적의 소굴을 세우니 —
네가 나를 잡아먹어 버릴 때까지

그리하여 어느 날 아침
내 무릎만이
황제의 반지를 장식할 두 마리 노란 풍뎅이만이
남을 때까지

호랑이 기젤헤어

네 얼굴 위로 그늘진 정글이 스쳐 가니
오, 그 모습이란!

네 호랑이 눈동자는 태양빛 속에서
꿀처럼 감미로워라
나는 이빨 사이에
너를 물고 간다

너는 나의 인디언 이야기
야만의 서부
슈족의 추장!

회양목 줄기에 묶인 나는
어스름 속에서 점차 시들어 가는데 ―

이제 나는 머리 가죽 게임 없이는
존재할 수가 없구나

너의 단검은 내 가슴에
새빨간 입맞춤을 그려 놓으니 —

내 머리카락이 너의 허리끈에서 펄럭일 때까지

신이여

어디에나 잠은 짧도다
인간의 마음, 초록의 숲, 바람의 성배 속에서
누구나 자신의 죽은 심장으로 귀향한다

— 세계가 어린아이라면 —
나는 최초의 호흡에 대해 들을 텐데

오래전 우주는 거대한 하나의 신성이었고
별들은 성서를 읽었으니
한 번이라도 신의 손을 잡을 수 있다면
신의 손가락에 걸린 달을 볼 수만 있다면

신이여, 오 신이여, 당신은 얼마나 멀리 있는지!

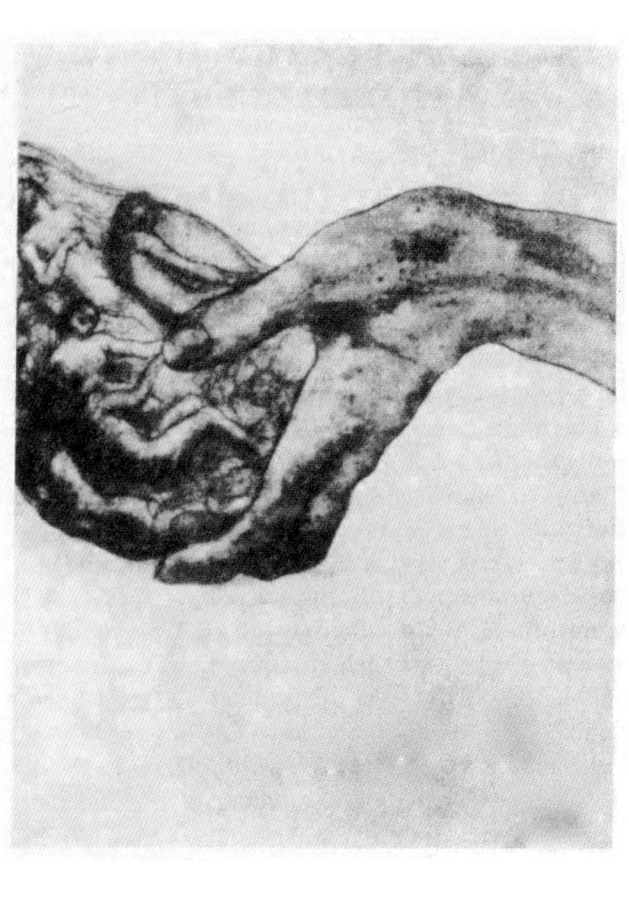

들어라

밤에 나는
네 입에서 장미를 빼앗는다
다른 여자들이 마시지 못하도록

너를 얼싸안고
네 다리 사이에 남겨 둔
내 전율을 훔친 그녀들

나는 네 길의 가파른 가장자리
네 몸에 닿는 여자는
추락하리라

느끼는가 너는
네가 모르는 머나먼 자락
나의 있음을?

안으로

항상 죽음만을 생각한다
누구도 나를 사랑하지 않으니

차라리 성화의 인물이라도 된다면
내 안의 화염이 꺼져 버릴 텐데

몽환의 석양빛에 내 눈은
핏물로 젖어 드니

어디로 가야 하나
어디나 네게로 향하는 곳에서

너는 내 비밀의 고향이니
이보다 더한 그윽함은 없어라

한없이 위로 피어나고 싶을 뿐
네 심장, 하늘의 푸름을 향해 ―

오직 부드러운 길을 펼치리라
고동치는 너의 집 언저리에

오직 너

밤하늘은 구름의 띠를 두르고
달은 활처럼 굽었다

나는 낫의 징후 아래
안식하기를 원한다, 네 손 안에서

태풍의 명대로 복종해야 하는
나는 해안 없는 바다와도 같아

그러나 네가 나의 심연에서 조개를 주으니
내 심장이 환해지며

마음의 깊은 바닥은
매혹에 잠긴다

아마도 내 심장은 세계(世界)
고동치며 —

그것이 오직 너를 갈망하니 —
어디서 네 이름을 불러야 하는가?

야만인에게

밤마다 나는
네 얼굴 위로 눕는다

네 몸의 거친 황야에
삼나무와 편도나무를 심는다

파라오의 황금의 희열을 찾아
네 가슴을 파헤치고 또 파헤친다

그러나 네 입술은 너무도 무거워라
나의 기적으로도 열 수 없는 바위처럼

새하얀 눈의 하늘은
내 영혼을 떠나 날아오르고 ―

너의 다이아몬드 눈물이
내 정맥을 난도질한다

나는 요셉이니, 눈부신 피부 위로
달콤한 허리띠를 둘렀고

내 조개가 놀라 움찔거리니
너는 기뻐하는구나

하지만 네 심장은 바다를 들이지 않아
오 너는!

라이프치히 공작

네 눈동자는 죽었다
너무도 오래 바다를 떠돌았다

하지만 나 역시
해안이 없어라

내 이마는 조개껍질
해초와 불가사리가 매달렸구나

정처없는 내 손길이
한 번이라도 네 얼굴을 닿는다면

네 입술의 도마뱀이
내 물결을 어루만져 살랑인다면

너의 피부는 타오르는 향불
내가 너를 찬미하리라

내 정원을 너에게 주니
그곳에서 내 심장은 화려하게 만발하리라

그대 나를 슬프게 하는 자여, 들어라

너무도 힘들다
천지의 밤을 짊어진 내 등에
너의 꿈으로 무거운
네 밤을 더하는구나

나를 사랑하는가?
네 이마에 입김을 불어 사악한 구름을 걷어 내니
푸른 하늘이 드러나는데

내 죽음의 순간에, 너는 무엇을 해줄 것인가?

작별

하지만 너는 한 번도 석양과 더불어 오지 않았다 —
나는 별의 외투를 걸치고 앉아 있었으나

. . . 누군가 문을 두드렸지만
그것은 내 심장이 두근거리는 소리였고

이제 내 심장은 세상의 모든 문설주에 걸려 있고
너의 문에도 걸려 있구나

화환의 갈색 이파리들 사이
죽어 가는 화염의 장미

내 심장으로
너의 하늘을 핏빛으로 물들였다

하지만 너는 한번도 석양과 더불어 오지 않았다 —
. . . 나는 황금 신발을 신고 서 있었으나

노래

내 눈 뒤에는 물이 있으니
나는 그 물을 전부 울어 버려야 한다

철새 무리와 함께
훨훨 날아가 버리고자

광대한 대기
찬란한 바람을 들이마시며

이 슬픔, 어찌할까...
달님의 얼굴은 알고 있으리

그리하여, 벨벳의 예식과
다가오는 새벽이 나를 감싸니

돌과 같은 네 심장에
내 날개가 부러질 때

지빠귀는 드높은 푸른 덤불에서
장례식의 꽃잎처럼 떨어졌다

참았던 모든 지저귐은
언제인가 다시 분출하리니

그리하여, 나는 철새 무리와 함께
훨훨 날아가 버리고자

게오르크 트라클[*]

게오르크 트라클은 전장에서 그 자신의 손으로 죽임을 당했다.

세상은 그리도 고독했다. 나는 그를 사랑했다.

---

[*] Georg Trakl (1887-1914). 오스트리아의 시인. 제1차 세계대전에서 의무병으로 참전하여 전쟁의 참상과 잔인함을 목격하고는 정신적 문제에 시달리다가 자살로 생을 마감했다. 그는 1914년 전쟁 발발 몇 달 전 베를린에서 엘제 라스커 쉴러를 만난 적이 있다.

게오르크 트라클

그의 눈은 아득히 멀리 있다
어린 시절에 그는 이미 하늘을 방문했다

거기서 그의 언어가 나왔다
푸르고 흰 구름 위에서

우리는 종교 때문에 싸웠다
하지만 늘 장난치는 친구처럼

입에서 입으로, 신을 대비했다
태초에 **말씀**이 있었다

시인의 심장, 단단한 요새여
그의 시는, 노래하는 테제였다

그는 분명 마르틴 루터였으리라

세 겹의 영혼을 손에 쥐고
그는 성스러운 전쟁으로 나갔다

― 그리고, 그가 죽은 것을 알았다 ―

붙잡을 수 없는 그의 그림자는
내 방의 저녁에 머문다

조지 그로스[*]

때로는 재의 눈꺼풀 속에서
무지갯빛 눈물이 춤을 춘다

그러나 항상 마주치는 죽음의 마차는
그의 잠자리떼를 쫓아 버리니

미신은 그의 믿음 —
위대한 별 아래서 태어난 그는

그의 글자는 비로 내리고
그의 스케치는 — 음울한 철자

얼마나 오랫동안 강물 속에 있었던가
그의 인물들은 가득 부풀어 오른다

---

[*] George Grosz (1893-1959). 독일의 화가.

모캐* 입을 가진, 신비스럽게, 쓸쓸한 이들
부패한 영혼의

은빛 손가락은
꿈에 취한 다섯 죽음의 사자

길 잃은 자의 동화 속 빛은 그 어디에도 없으나
그는 아직도 한 명의 아이

인디언 부족과 친한
가죽 스타킹의 영웅

그밖의 다른 모든 인간을 혐오하니

---

* 옆으로 길게 찢어진 입을 가진 민물고기.

그들은 오직 불행일 뿐

하지만 조지 그로스는 자신의 불운을 사랑하고
충직한 적으로 대한다

슬픔은 디오니소스이며
탄식은 검은 샴페인

그는 그늘진 달이 비추는 대양
그의 신은 죽은 척하고 있을 뿐

기도

나는 세상의 한 도시를 찾는다
성문 앞에 천사가 있는 도시
그 거대한 날개를 내 어깨에 짊어지니
뼈가 부러지고 이마에는
그의 별이 봉인으로 박혀 있다

그리하여 나는 쉼 없이 밤으로 떠도니...
세상에 이런 사랑을 가져왔구나 —
모든 심장이 푸르게 만개하도록
한평생은 잠도 없이 나를 감시하며
검은 숨결을 신의 장막으로 감쌌다

신이여, 당신의 외투로 나를 여미소서
이 세상의 다른 모두와 마찬가지로 나 또한 유리
구슬 속에 갇힌 존재입니다

최후의 인간이 세계를 만들 때
당신의 전능으로 나를 해방시키지 않는다면
새로운 지구가 나를 둘러싸고 나를 가둘 것입니다

신이여 들으소서

밤은 내 눈 주위로
동그랗게 오그라든다
맥박은 내 피를 화염으로 끓게 하나
나를 둘러싼 세상은 얼음처럼 찬 회색일 뿐

오, 살아있는 날들을
나는 죽음의 꿈으로 보낸다
죽음의 물을 마시고 빵 속의 죽음을 삼킨다
내 슬픔을 측량할 저울은 세상에 없도다

신이여 들으소서 . . . 당신의 사랑하는 푸른빛으로
나는 천상의 지붕을 노래했습니다
하지만 당신 영원의 입김 속 하루를 깨우지 못했으니
무감각한 상흔의 내 심장은 수치로 떨립니다

내 종말은 언제인가요? — 신이여! 별 속에서
달 속에서, 당신의 과실로 가득한 계곡 속에서 나는 보았습니다
붉은 포도주는 이미 포도 알갱이 속에서 향기를 잃습니다...
모든 곳에 — 씨앗에조차 — 쓴맛이 배어듭니다

저녁 노래

어린 장미 덤불 위로
부드러운 빗방울이 떨어지고
세상은 그만큼 더 풍요롭다네

오 신이여 나의 신이여
이 축복 속에서 나는
갈증으로, 눈물로 죽어 갑니다

천사들이 부르는 천상의 노래
"오늘의 신의 명명축일
모든 것을 아는 신을 경배하라..."

나는 이해할 수 없습니다
당신의 지붕 아래서 잠든 내가
왜 그처럼 자주 슬픔으로 깨어나는지

나의 푸른 피아노

나는 푸른 피아노를 갖고 있네
하지만 악보를 읽을 수 없지

온 세계의 타락 이후
피아노는 지하실 문 그늘에 서 있네

별들이 네 개의 손으로 피아노를 연주하고
— 달빛 여인은 보트에서 노래했지 —
이제는 쥐들이 달가닥대며 춤출 뿐

건반은 부서지고...
나는 푸른 죽음을 우네

천사여, 내게 하늘의 문을 열어 다오
— 나는 쓴 빵을 베어 먹었으니 —

살아 있는 시간에 그것을 보기를 원하노라 —
비록 금지된 일일지라도.

내 아가

내 아가, 너는 끊임없이 죽는다
내게서 베어져 나가는 세월을

잎새가 찢겨지고
가지가 말라 가는 동안

붉은 장미로
너는 죽음을 쓰게 맛보았다

단 한 번의 시들어 가는 구타조차
너를 피해 가지 않았다

그래서 나는 비통하게 운다, 영원의 시간을 . . .
내 심장의 밤을

아직도 흘러나오는 한숨의 자장가,
너를 죽음으로 재우며 흐느낀다

그날 이후 내 눈은 더이상
세계로 향하지 않는다

잎새의 푸름은 아프구나
— 그러나 내 안에서는 영원의 잎새가 자란다

너를 향한 사랑은
오직 신에게 허용되는 이미지

천사들도 눈물을 흘리는구나
바람 속에서 진눈깨비 속에서

너울거리며...
천상의 허공 속에서

활짝 만개한 달은
네 생명과도 같아라, 아가

한 마리 나비가 빛을 뿌리며 평화롭게 날아가는 광경을
나는 더이상 볼 수가 없다

정녕 죽음을 몰랐다.
— 너를 통해서 느낄 뿐, 내 아가

이 방의 벽을 사랑하니
너의 얼굴을 그려 넣었으므로

이맘때면 반짝이며 떨어지는

그토록 많은 별들이

모두 내 심장으로 와 무겁게 꽂힌다

쫓겨난 여자

안개 자욱한 날이다
영혼 없는 세계들이 마주친다 —
그림자 인형처럼 형체도 흐릿하게

참으로 오랫동안 그 어떤 심장도 내 심장에 부드럽지 않았으니...
세계는 차갑고, 인간은 희미해졌다
— 오너라 우리 함께 기도하자 — 신이 우리를 위로하리라

내 생명에서 빠져나간 호흡은 어디 있는가?
나는 야생과 더불어 고향 없이 떠도니
창백한 꿈의 시간을 헤매는구나 — 그래, 나는 너를 사랑했는데...

북풍이 차갑게 휘몰아칠 때 나는 어디로 가야 하는가?
겁 많은 들짐승도 길을 떠나고
나는 너의 문 앞에 질경이 한다발을

이제 곧 내 눈물이 하늘을 삼켜 버리리라
그 눈물의 잔에서 시인은 갈증을 달래리라
너와 내가 그러했듯이

가을

어느날 나는 최후의 데이지를 꺾는다 . . .
그때 천사가 와서 내 수의를 지어 주었다 —
다른 세계에서 입어야 하므로

영원한 삶은 사랑을 많이 말할 줄 아는, 그런 자들에게만 —
사랑의 인간은 오직 부활할 수 있을 뿐!
증오는 뚜껑을 덮는다! 불꽃이 아무리 높게 타오를지라도

나는 너에게 많이 많이 사랑을 말하겠다 —
싸늘한 바람이 불어와
나무들을 휘몰아치고
그들의 요람에 놓였던 심장까지 휘몰아친다 해도

지상에서 내 삶은 슬픔이었다 . . .
너의 질문에 대답하는 달
낮에도 달은 희미한 얼굴로 내려다본다
발끝으로 걸어 희미하게 돌아다니는 나를

밤에 네가 온다면

　밤에 네가 온다면 — 우리 빈틈없이 얽힌 채 함께 잠들자
　고독하게 깨어 있느라 나는 너무도 지쳤으니
　한 마리 이방의 새가 이른 새벽 어둠 속에서 노래했다
　나와 내 꿈이 아직 뒤엉켜 혈투를 벌이던 동안에

　꽃들은 모든 샘을 향해서 잎을 벌리고
　네 눈동자로 불멸을 물들인다 . . .

　일곱 개의 별 신발을 신고 밤에 네가 온다면
　사랑의 베일이 늦게까지 내 텐트를 감싸고
　천상의 먼지투성이 궤에서 달들이 동시에 떠오를 텐데

두 마리 희귀한 동물처럼 우리, 사랑으로 안식하자
이 세계 뒤편의, 드높은 갈대숲 속에서

옮긴이의 말

심장을 너의 문에 걸어 두고, 푸른 죽음을 운다

"건반은 부서지고 . . .
나는 푸른 죽음을 우네"
— 엘제 라스커 쉴러, 「나의 푸른 피아노」중에서

"나는 라인란트의 엘버펠트에서 출생했으나, 사실은 테베(이집트)에서 태어났다. 열한 살이 될 때까지 학교에 다녔고 로빈슨이 되어 동양에서 5년간 지냈다. 그 이후로 나는 식물처럼 산다 . . . 생각의 하늘에서 테베시를 돌보는 나는 그곳의 왕자 유수프이다. 내 책들은 이렇게 돌아다니다가 언젠가 바다에 빠져 익사할 것이다. 예전에는 가끔 의

심이 들기도 했지만 지금은 안다, 나는 엘제 라스커 쉴러이다 — 유감이지만."

— 엘제 라스커 쉴러, 「짧은 자전적 스케치」 중에서

한 번역가가 말했다, 시를 번역하는 일은 마치 옷을 입은 채 하는 샤워와 같다고. 영화의 한 장면에 나오는 대사였는데 아마도 내 기억이 맞다면 그건 고요하고 고독하게 시 쓰는 행위에 몰두하던 시인 패터슨에 관한 영화였다. 당시 나는 한번도 시를 번역해 본 일이 없었다. 언어로 이루어진 음악(시)을 음악으로 이루어진 언어(시)로 변환하는 일. 물론 크게 본다면 번역 행위 자체가 근본적으로 옷을 입은 채 하는 샤워의 범주에 들어갈 수도 있겠지만, 특히 시를 번역한다는 것은 처음부터 번역가에게 오직 절망의 패배자 혹은 불가능성에 대한 헛된 공모자라는 운명만이 주어지는 게 아닐까 하는 생각이 들었다. 만약 그렇다면, 번역시를 읽는다는 것은 독자에게 과연 무엇일까.

나는 번역시를 읽으며 자란 세대이다. 내가 읽은 시들은 대개 우리가 고전문학이라고 부르는 것들이었다. 나는 시의 세계를, 교과서에 나오는 것을 제외한다면 (그런데 고백하자면 나는 교과서에 나온 시들을 한번도 시라고 생각하지 못했으며 또 그 점을 굳이 각인시켜 주려 했던 교사도 없었다) 번역시로 먼저 접했고 십대 시절 내가 읽은 대부분의 시들은 번역시였다. 그래서 번역시가 갖는, 마치 제2의 피부와도 같은 언어의 모호한 느낌에 대해서 익숙한 편이다. 그건 모국어 시인이라면 거의 사용할 리가 없는 상투적인 문어체 표현에, 사전적 의미에 매달리는 번역어, 설명적 어투, 간혹 뿔처럼 돌발하는 낯선 이름과 용어들, 이미 사라져 버린 운율을 되살리려는 헛된 시도, 엉뚱하게 예스러운 종결이며, 그 모든 것 위로 안개처럼 덮여 있는 모호하고 불명확한 감각의 베일, 빠져나가고 미끄러지는 거리감, 음악과 리듬이 사라진 자리에 화석처럼 남은, 심하게는 교조적으로 보이기조차 하는 어떤 만들어진 미학적 선언의 흔적이었다. 그리하여, 감정을 파고들지 못하는 감정의 단어들로 이루어진 언어의 뭉치. 독자는 번역시를 '느끼기' 위하여 필사적인 추리를 펼쳐야 할 때도 있다. 어쩌면 내가 읽은 것들은 실패한 번역시일지도 모른다. (만약 그에 대한 상대 개념으로서 성공한 번역시라는 것이 존재할 수 있다면 말이다.) 번역어를 모국어로 하는 독자의 시선 앞에서 번역시를 부인하지 못하는 번역시들. 하지만 그럼에도 불구하고 번역시 읽기를 멈추지 않았던 것으로 보아 실패가 담보된 그런 번역시를 나는 사랑했던 것 같다. 학교를 졸업한 후 오랫동안 시 읽기를 하지 않던 내가 다시 번역시에 관심을 갖게 된 것은 독일에서의 일이다. 우연히 독일어로 번역된 이노우에 야스시의 『엽총』을 읽었는데, 매우 아름답다고 느낀 동시에, 이것이 일본어 원문에서 얼마나 많이 멀어진 것일까, 분명히 그러할 것이다, 하는 의구심이 들기도 했다. 시험 삼아 몇몇 시들을 한국어로 옮겨 보았을 때 그것들은 우리에게 비교적 익숙한 일본어 번역문의 자취가 없었기 때문이다. 하지만 설사 그렇다고 해도, 내가 『엽총』의 산문시들을 좋아하지 않았다고는 말할 수 없다.

번역시가 지금보다 더 친근하던 시대는 오래전에 사라진 듯하지만 그래도 아주 간혹 그러한 시대의 사람들을 실제로 만나기도 했다. 잊을 수 없는 한 경험은, 지금은 이 세상을 떠나고 없는 한 소설가의 집에 갔을 때 그가 나를 보자마자 헤르만 헤세의 번역시 「안개 속에서」의 도입부를 낭송하는 것으로 말을 걸었던 일이다.

> 이상하여라, 안개 속을 걷고 있으면
> 모든 덤불과 돌들이 외롭다
> 한 나무는 다른 나무를 보지 않으며
> 모두가 홀로 있다

어떤 이들은 번역시의 독서 경험이란 오직 두 나라의 문화와 언어 습관의 차이를 실감하는 것뿐이라고 여기기도 한다. 번역을 비교적 잘 견디는 매끄러운 기질의, 번역 저항이 낮은 문학 텍스트가 어느 언어에나 있다. 하지만 시는 아마도 그것으로부터 가장 멀리 있는 존재일 것이다. 어느 날 문득 주변을 살펴보니 더 이상 외국의 시들이 많이 번역되고 있지 않음을 깨달았다. 번역시에 대한 향수를 달래기 위해 나는 종종 내가 모국어로 읽고 싶은 외국의 시들을 골라 직접 번역해 보기도 했다. 그렇다, 바로 다음의 문장을 위하여 나는 이 역자 후기를 쓰기 시작했다는 느낌이다. 출간의 공공성과 객관성을 염두에 두지 않는, 오직 나만을 위한 그러한 사적 번역의 경험은 얼마나 비밀스러운 기쁨이었는지.

1934년 스위스에서 망명 중이던 엘제 라스커 쉴러는 이렇게 썼다.

"나는 더이상 베를린에서 살 수가 없었습니다. 괴벨스가 세 번이나 나를 공격했어요. 한 번은 신문에서, 다른 한 번은 라디오에서, 그리고 또 길에서 팔리는 책자에서까지 거짓으로 날조한 비방을 써 놓았더군요."

뿐만 아니었다. 1933년 4월 어느 날에는 베를린의 대로에서 공격을 당하고 욕설을 듣고 얻어맞기까지 했다. 엘제 라스커 쉴러는 예순네 살이었다. 유대인 여성이고 아방가르드 작가였으며 독특한 복장과 기행으로 베를린에서 잘 알려진 인물이었다. 동양풍의 의상과 터번을 두른 채로 거리를 다니던 그는 그 어떤 의미로도 시민적인 규범과는 거리가 멀었다. 몇 년 전 한 라디오 방송에서 평론가는 말했다. 라스커 쉴러는 자신에게 최초의 '퍼포머'이며, 레이디 가가와 마돈나의 증조할머니로 비유할 수 있다고. 그처럼 라스커 쉴러는 이국적인 복장을 하고 여러 다양한 이름과 정체성으로 자신을 변화시키며 사람들 앞에 등장해 시를 낭독하곤 했다. 예를 들자면 자신의 책 속 주인공인 유수프 왕자로 변장하고 플루트를 부는 모습으로. 라스커 쉴러는 자유로운 보헤미안이었고 이 태도는 그의 삶과 사랑과 문학 모두에 일생 동안 그대로 적용되었다.

엘제 라스커 쉴러는 1869년 독일의 엘버펠트(현재 부퍼탈의 한 구)에서 유대인 중산층 상인 가정의 6남매 중 막내로 태어났다. 어릴 때부터 매우 총명했으며 학교를 그만둔 후에는 가정교사에게 교육을 받았다. 1894년 의사인 요나단 베르톨트 라스커와 결혼하고 베를린으로 이사한다. 그곳에서 라스커 쉴러는 스케치 수업을 받고 자유로운 베를린 예술가들의 세계를 접하게 된다. 외아들 파울이 태어나던 1899년부터 라스커 쉴러는 시를 발표하기 시작하고 1901년 첫 시집 『Styx(삼도천)』이 나온다. 후대의 평론가들은 이미 그의 첫 시집에서 동시대의 다른 시들과 유사점이 없는, 나중에 라스커 쉴러만의 우주라고 각인될 특징이 나타나고 있다고 평가한다. 1903년 라스커 쉴러는 베르톨트 라스커와 이혼하고 같은 해 게오르크 레빈과 결혼하는데, 레빈은 헤르바르트 발덴(Herwarth Walden)이란 필명으로 잘 알려진 작가이자 갤러리스트, 작곡가이며 20세기 독일 아방가르드 예술의 후원자이자 유명 표현주의 문예잡지 《슈투름(Der Sturm, 폭풍)》의 발간인이다. 발덴이란 이름은 미국의 작가 헨리 데이비드 소로의 저서 『월든(Walden)』에서 가져온 것인데 그 필명을 지어 준 사람이 엘제 라스커 쉴러였다. 라스커 쉴러는 시 외에도 산문과 희곡 등을 다수 발표했고 독일 표현주의 문학의 주요 작가로 자리잡았으며, 당대의 아방가르드 예술가들과의 교류도 활발히 이어 나갔다. 그러나 그가 이룬 문학적인 성과에 비해서 시장에서의 상업적 성공은 크지 않아서 발덴과 1911년 이혼 후 라스커 쉴러는 홀로 아들을 키우며 경제적인 궁핍을 겪어야 했다. 이혼 후에도 라스커 쉴러는 《슈투름》에 작품을 실을 수 있었으나 그래도 동료 작가들이 모금을 해야만 했을 정도로 궁핍은 심각했다. 그의 사정은 정말로 형편없었다. 자신이 그린 스케치를 친구들에게 선물하고 약간의 돈을 얻곤 했다.

그러나 망명길에 오르기 전까지 계속해서 시와 산문소설과 희곡 쓰는 일을 멈추지 않았다. 라스커 쉴러의 보헤미안 기질, 사랑과 열정에 대해서 계산 없이 솔직하게 자신을 던지는 비관습적인 성향, 시 낭독을 위한 기이한 자기 연출, 그로 인한 문학의 신비화 . . . 이러한 특징들은 당대의 동료 작가나 독자들 사이에서도 첨예하게 상반된 반응을 불러일으켰다. 몇몇 예가 있지만 특히 카프카가 펠리체 바우어에게 쓴 편지에 라스커 쉴러에 대해, 평소 태도에 비해서 예외적일 만큼 혹독하고도 직설적인 비평을 퍼부은 일은 유명하다. 그 편지에 의하면 카프카는 라스커 쉴러가 처한 곤궁에 대해서 단 한 톨의 동정심조차 보이지 않았다. 순전히 라스커 쉴러의 작품에 대한 비호감 때문인지 아니면 그의 삶과 문학을 이루는 어떤 양식이 원인인지는 알 수 없으나.

"그래요, 그녀가 형편이 어렵다고 합니다. 제가 듣기로는 두 번째 남편이 그녀를 떠났다고 해요. 친구들이 돕겠다고 돈을 모금하더군요. 그래서 할 수 없이 나도 5크로네를 내놓아만 했답니다. 불쌍하다는 마음은 추호도 들지 않았는데 말이죠. 이유는 잘 모르겠지만 나는 그녀만 생각하면 주정뱅이 여자말고 다른 무엇도 떠오르지 않습니다. 밤새도록 커피하우스를 전전하고 돌아다니는 그런 여자들 말이죠."

— 1913년 2월, 카프카가 펠리체 바우어에게 보낸 편지 중에서

  1927년 아들 파울이 젊은 나이에 결핵으로 죽자 라스커 쉴러는 크나큰 절망에 빠진다. 그는 삶의 바닥으로 곤두박질친 듯했다. 그러나 글쓰기를 멈추지 않았고, 마침내 1932년 독일의 유수 문학상인 클라이스트상의 수상자로 결정되자 작가로서 비로소 한줄기 광명이 비치는 것 같았다. 그러나 현실은 그에게 마냥 친절하지는 않았다. 비게르만인 아방가르드 여성 시인에게 상이 수여된 사실이 막 권력을 잡은 국가사회주의자들의 마음에 들지 않았기 때문이다. 그 해의 클라이스트상은 두 명이 공동 수상했다. 한 명은 라스커 쉴러, 그리고 다른 한 명은, 아마도 유대 여성작가 수상에 대한 반발을 무마하려는 전략적인 이유로, 친나치 작가인 리카르트 빌링어였다. 그럼에도 불구하

고 독일의 위대한 문학가 클라이스트의 이름을 딴 상이 비게르만인이자 비시민적인 아방가르드 작가, 게다가 결정적으로 '히브리 시'를 쓰는 '베두인 종족의 딸'에게 수여된 것이 부당하다고 여긴 국가사회주의자들은 국가사회주의 노동자당의 기관지인 《Völkischer Beobachter(민족의 관찰자)》에서 라스커 쉴러를 몰아세우며, "유대 여자가 무얼 쓰던 간에, 그것은 우리에게 결코 독일문학이 될 수 없다"고 공격하는 지경에 이르렀다.

여러 사건으로 위험을 느낀 라스커 쉴러는 친구들의 권유에 따라 망명길에 오른다. 우선 이웃나라인 스위스의 취리히로 갔다. 그러나 취리히는 나이든 유대인 여성 작가를 환영하지 않았다. 가난한 라스커 쉴러는 취리히에 도착하여 가방을 사야 했으나 가방 값을 지불할 수 없을 정도였다고 전해진다. 또한 항상 단기 체류 허가만을 받을 수 있어서 체류 허가 갱신을 위해 매번 스위스를 떠나 이탈리아나 팔레스타인으로 떠났다가 다시 입국해야만 했다. 또 노동 허가를 받을 수 없었기에 경제적으로도 큰 곤궁에 빠졌다. 오직 친구와 후원자들의 친절에 의지해서 간신히 삶을 영위해야 했다. 추운 겨울에는 난방이 된 우체국이나 카페에서 커피 한 잔을 놓고 하루 종일 몸을 녹이는 생활이었다. 1939년 라스커 쉴러는 체류 허가증 만료로 다시 팔레스타인으로 가야만 했고, 그 사이 전쟁이 터졌으며 독일은 라스커 쉴러의 국적을 말소해 버렸다. 스위스는 무국적자가 된 그의 입국을 거부했다.

라스커 쉴러는 이후 마지막까지 팔레스타인에서 살았다. 독일에서 이주한 유대 작가들을 중심으로 열정적으로 독일어 문학 낭독회를 운영했으나 그것만으로는 생계를 온전히 꾸릴 수가 없었다. 게다가 얼마 지나지 않아 그 어떤 낭독회도 열 수가 없게 되었다. 그의 문학 행사는 독일어로만 진행이 되었는데, 독일어 행사가 금지되었기 때문이다. 라스커 쉴러는 70세가 넘었고 혼자였다. 고향과 모국어로부터 쫓겨났으며 히브리어를 할 줄 몰랐다. 싸구려 호텔과 셋방에서 살며 후원자들의 도움으로 방세를 냈고, 그마저 모자라서 돈을 구걸해야 할 때도 많았다. 건강은 악화되었다. 그러나 라스커 쉴러를 일생 동안 라스커 쉴러이게 한 사랑의 열정은 마지막까지도 그의 심장 안에서 뛰었음이 분명하다. 그는 여전히 유수프 왕자의 복장으로 예루살렘 거리를 돌아다녀서 초기 이주자들의 조롱의 대상이 되곤 했다.

1943년 라스커 쉴러의 마지막 시집 『나의 푸른 피아노』가 예루살렘에서 출간된다. 노년과 고독, 다가오는 죽음의 예감이 드리운 시집이다. 베를린에서 그와 알고 지내던 의사인 아돌프 바그너는 예루살렘에 왔다가 죽음을 몇 달 앞둔 라스커 쉴러를 마주친 일을 이렇게 묘사한다.

"그녀를 발견한 것은 우연이었다. 지독하게 황량한 길거리에서 나무줄기를 붙잡고 쓰러지지 않으려고 버티고 있었다. 낯빛은 푸른빛이 돌 정도로 창백했고 심각한 영양실조에 반쯤은 굶어 죽어 가고 있는 상태였다. 나는 도와주겠다고 했지만 그녀는 내가 업어 주는 것도, 부축해 주는 것도 모두 거부했다."

라스커 쉴러는 쉽게, 빠르게, 그리고 그 누구보다도 격렬하게 사랑에 빠지는 사람이었다. 때로 그런 이유로 "부정한 유대 여자"라는 말을 듣기는 했으나. 그중 하나는 독일 작가 고드프리트 벤이었고 라스커 쉴러는 벤을 자신의 시에서 "기젤헤어"라고 불렀다. 그리고 예루살렘에서 그는 마지막 사랑을 찾았다. 젊은 철학자이자 교육학자인 에른스트 지몬이 라스커 쉴러의 마지막 사랑이었다. 그는 일생 동안 그러했던 것처럼, 자신이 창조한 자신의 세계에서 살기를 멈추지 않았고 그것이 곧 그의 글이 되었다. 라스커 쉴러 자신은 시에서 "지상에서 내 삶은 슬픔이었다"고 노래했으나 동시에 그것은 "그러나 심장이 터질 듯한 사랑이 있으니!"라는 문장으로 금세 전복되는, 피와 생명의 심장으로 쓰는 사랑의 축제이기도 했다. 그는 다른 곳이 아닌 시의 대문에 자신의 심장을 걸어두었다!

1945년 라스커 쉴러는 예루살렘에서 심장마비로 사망했고 예루살렘의 올리브산 묘지에 묻혔다. 대부분의 망명 작가들처럼 라스커 쉴러 역시 전쟁 이후에 거의 잊히고 말았으나 1970년대에 들어 재조명되었다. 예루살렘에서 작업한 유작 희곡 『Ich und ich(나와 나)』는 1979년 독일에서 초연되었다.

이 시집에 실린 시들은 시러큐스대학교 출판부의 『나의 푸른 피아노』(2015)에 수록된 시들을 번역한 것이다. 라스커 쉴러의 마지막 시집 『나의 푸른 피아노』와 동명의 제목이고 그 표제작인 「나의 푸른 피아노」가 실려 있지만 『나의 푸른 피아노』와는 무관하게 시러큐스대학교 출판부에서 선별한 작품들이 담겨 있다.

2023년 6월
배수아

엘제 라스커 쉴러 연보

1869   2월 11일 독일 부퍼탈에서 존경받던 어머니 지네트 키싱과 은행원인 아버지 아론 쉴러 사이에 6남매의 막내(셋째 딸)로 태어났다. 부모는 모두 유대인이고 엘제는 엘리자베트의 애칭이다.

1871   독일제국이 창건되고 비스마르크가 수상으로 취임한다.

1880   무도병(舞蹈病) 진단을 받는다.

1882   오빠 파울이 21세에 가톨릭교로 개종하기 얼마 전 돌연 사망한다. 엘제는 성서 이야기, 특히 요

일곱 살의 엘제 라스커 쉴러. 엘제의 어머니와 아버지

          셉에 관한 것을 오빠를 통해 처음 들었고, 가톨릭과 유대교가 사이좋게 공존할 수 있다는 평생의 확신을 갖게 되었다.

1890   어머니가 복통을 호소하고 병원에서 52세에 갑자기 사망한다.

1894   의사인 요나단 베르톨트 라스커(1860-1928)와 결혼한다. 그의 동생인 수학자 에마누엘 라스커는 세계 체스 챔피언으로 유명했다.

1897   아버지 아론 라스커가 사망한다.

1899   엘제의 외아들 파울이 태어난다. 아버지가 누구인지는 분명하지 않다. 페터 힐러(1854-1904)의 '도래'라는 작가협회에 들어간다. 베를린의 《Die

베르톨트 라스커와 엘제, 엘제의 언니 안나와 약혼자(좌). 에누엘과 베르톨트 라스커, 1908(우).

	Gesellschaft)(사회)》(1885-1902)에 시를 발표한다.
1902	베를린의 알셀 융커 출판사에서 첫 시집 『Styx(삼도천)』을 출간한다. 라스커 쉴러는 니체에 심취하여 현대시는 모두 그로부터 출발한다고 여긴다.
1903	베르톨트 라스커와 이혼한다. 그해 게오르크 레빈(1879-1941)과 결혼하고 그에게 헤르바르트 발덴이라는 새 이름을 지어 준다.
1905	두 번째 시집 『Der Siebente Tag(제7일)』을 출간한다.
1906	첫 산문 작품 『페터 힐러-책(Das Peter Hille-Buch)』을 출간한다.

1907	환상소설 『Die Nächte der Tino von Bagdad(바그다드 티토의 밤)』를 출간한다.
1910	카를 크라우스(1874-1936)와 친분을 쌓는다. 발덴이 아방가르드 예술잡지 《Der Sturm(폭풍)》을 창간한다.
1911	시집 『Meine Wunder(기적)』를 출간한다. 프란츠 마르크, 바실리 칸딘스키, 아우구스트 마케를 주축으로 'Der Blaue Reiter(청기사)'라는 미술가 집단이 결성되어 현대미술에 획기적 기여를 한다.
1912	엘제가 좋아하던 언니 안나가 사망한다. 발덴과의 이혼이 공식화된다. 프란츠 마르크를 알게 되고, 두 사람은 엽서와 편지를 교환하기 시작한다. 시인 고트프리트 벤(1886-1956)의 첫 시집 『Morgue(시체공시소)』가 출간된다. 벤과 친분을

고트프리트 벤, 1918.

쌓는다. 아방가르드 서간체소설 『Mein Herz(나의 마음)』를 출간한다.

1913 고국에서 추방되어 러시아의 감옥에서 죽어 가던 야콥 홀츠만(제나 호이)을 만나기 위해 그곳을 방문한 뒤 「황금의 기사」를 써서 그에게 바친다. 시집 『Hebräische Balladen(히브리 발라드)』을 출간한다. 수필집 『Gesichte(환상)』를 출간한다.

1914 제1차 세계대전이 발발한다. 게오르크 트라클을 처음 만난다. 발터 벤야민이 베를린의 커피숍 '카페 데스 베스텐스'에 드나들면서 엘제가 속한 문인들과 어울린다. 트라클이 폴란드 크라쿠프에 있는 군용 병원에서 자살한다. 산문체 소설 『Der Prinz

엘제 라스커 쉴러

von Theben(테베의 왕자)』을 출간한다.

1916 엘제 라스커 쉴러 드로잉 전시회를 연다. 화가 크리스티안 롤프스를 만난다. 프란츠 마르크가 프랑스 베르됭 전투에서 사망한다.

1917 취리히에서 '다다' 행사가 열린다. 육군 정신병원

프란츠 마르크 (좌)
조지 그로스 (우)

에 입원했던 조지 그로스가 제대한다. 빌란트 헤르츠펠데와 조지 그로스가 엘제의 소설에서 이름을 딴 '말릭(Malik)' 출판사를 설립한다.

1919 베르사유 조약으로 제1차 세계대전이 막을 내린다. 로자 룩셈부르크가 살해당한다. 1909년에 출간된 희곡 『Die Wupper(부퍼강)』가 무대에 올려진다.

1920 『Die Menschheitsdämmerung(인류의 여명)』이라

	는 표현주의 대표 시인 선집에 여성으로는 유일하게 엘제 라스커 쉴러의 시가 15편이나 실린다.
1925	독일 전역이 대량 실업을 겪는다.
1926	라스커 쉴러의 글을 출판해 준 편집인이자 빈센트 반 고흐를 알리는 일에 공이 많은 미술상 파울 카시러가 스스로 목숨을 끊는다.
1927	외아들 파울이 사망한다.
1929	세계적인 대공황이 시작된다.
1931	고트프리트 벤이 자신이 지은 오라토리오 가사에 다음과 같은 헌사를 쓴다. "위대한 천재적 서정시인 엘제 라스커 쉴러에 우정과 흠모하는 마음으로 이것을 바친다." 베를린의 국립 미술관에서 엘제 라스커 쉴러의 드로잉과 도서 삽화를 전시한다.
1932	당시 독일에서 가장 중요한 문학상이었던 '클라이스트상'을 받는다. 이 상의 수상자 중에는 2009년 노벨문학상을 수상한 헤르타 뮐러(1994년 수상)도 있다.
1933	히틀러가 수상직에 오른다. 라스커 쉴러는 스위스로 도피한다.
1934	알렉산드리아를 거쳐 예루살렘으로 간다. 그곳에

외아들 파울

	서 유대교 철학자이자 역사가인 게르숌 숄렘과 소설가 S. J. 아그논과 친분을 튼다. 비자 문제로 스위스 정부와의 오랜 분쟁이 시작된다.
1935	독일계 유대 출판인 잘만 쇼켄과 우정을 쌓고 서신을 교환하기 시작한다.
1936	희곡 『Arthur Aronymus und seine Väter(아르투르 아로니무스와 그의 아버지)』가 취리히에서 무대에 오른다.
1937	재차 예루살렘을 방문한다.
1938	독일 국적을 취소당한다.
1939	독일이 폴란드를 침공하고 제2차 세계대전이 시작된다. 엘제 라스커 쉴러는 다시 팔레스타인을 찾고 그곳에서 여생을 보낸다. 런던에 있는 마티슨미술관에서 그의 전시회가 열린다.
1940	잘만 쇼켄이 예루살렘에 거주하는 라스커 쉴러에게 매달 급여금을 보내 주기 시작한다.
1942	'Der Kraal'이라는 문학 살롱을 만들어 프랑스 문화원에서 강의 프로그램 진행을 기획한다. 주요 유대 작가들과 시인 지망생들이 프로그램에 참여했으나, 라스커 쉴러에게는 독일어 사용이 금지되었다.

1943	시집 『Mein Blaues Klavier(나의 푸른 피아노)』를 예루살렘 출판사에서 출간한다.
1945	1월 22일 엿새 전에 겪은 심장마비로 마침내 숨을 거둔다. 1월 23일 예루살렘의 올리브산 공동묘지에 묻혔다.

삽화 목록

(삽화 및 사진의 작가 또는 해당 인물을 표기했습니다.)

엘제 라스커 쉴러 사진 및 그림 - ii, 48, 49, 52, 55, 83, 84, 89, 120, 126, 141.

칼릴 지브란 - 3, 19, 21, 41, 69, 91, 105.

윌리엄 블레이크 - 4, 7.

자라투스트라 - 9.

요하네스 필리푸스 파피우스 엠블렘 - 11.

피에르 막시밀리앙 들라퐁텐 - 13.

야콥 드 게인 - 14.

프란츠 마르크 - 23, 27, 29, 33.

알베르토 마르티니 - 35, 37. 100.

얀 반 스코셀 - 39.

아브라함 얀센 - 43.

악셀리 갈렌 칼레라 - 45.

제나 호이 - 73.

고트프리트 벤 - 79.

빌헬름 리스트 - 93.

에드워드 번 존스 - 94, 99.

게오르크 트라클 - 113.

조지 그로스 - 119.

르네 앙투안 우아스 - 131.

로히르 반 데르 웨이덴 - 137.

스타니스와프 슈튀크골트 - 141.

옮긴이 배수아

소설가이자 번역가. 1965년 서울에서 태어나 이화여대 화학과를 졸업했다. 1993년 『소설과사상』에 「1988년의 어두운 방」을 발표하며 작품활동을 시작했다. 2003년 장편소설 『일요일 스키야키 식당』으로 한국일보문학상을, 2004년 장편소설 『독학자』로 동서문학상을, 2018년 소설집 『뱀과 물』로 오늘의 작가상을 수상했다.

소설집 『푸른 사과가 있는 국도』 『훌』 『올빼미의 없음』, 장편소설 『부주의한 사랑』 『나는 이제 니가 지겨워』 『에세이스트의 책상』 『북쪽 거실』 『알려지지 않은 밤과 하루』 『멀리 있다 우루는 늦을 것이다』, 산문집 『처음 보는 유목민 여인』 등이 있고, 옮긴 책으로 페르난두 페소아의 『불안의 서』, 프란츠 카프카의 『꿈』, W. G. 제발트의 『현기증. 감정들』 『자연을 따라. 기초시』, 로베르트 발저의 『산책자』, 클라리시 리스펙토르의 『달걀과 닭』 『G.H.에 따른 수난』, 아글라야 페터라니의 『아이는 왜 폴렌타 속에서 끓는가』 등이 있다.

엘제 라스커 쉴러 시집
우리는 밤과 화해하기 원한다

초판 발행 2023년 7월 17일
번역저작권 © 배수아 2023
지은이 엘제 라스커 쉴러
옮긴이 배수아
펴낸곳 아티초크 (Artichoke Publishing House)
출판등록 제25100-2013-000008호
주소 경기도 성남시 분당구 탄천상로 164, A-303 (13631)
전화 031-718-1357 **팩스** 031-711-1351
홈페이지 artichokehouse.com

이 책 내용의 전부 또는 일부를 재사용하려면
반드시 저작권자와 아티초크 출판사의 동의를 받아야 합니다.

ISBN 979-11-86643-12-9 03850